Inhaltsverzeichnis

AF285770

Herstellung und Verlag:
BoD - Books on Demand, Norderstedt
ISBN 978-3-8334-9760-5

Abbildungsverzeichnis

Genderkonformitätserklärung

Aus Gründen der Leserfreundlichkeit, wird in der vorliegenden Arbeit grösstenteils auf die Verwendung der femininen Form verzichtet. Jedoch schliesst die maskuline Wortform die feminine immer mit ein.

Abstract

In den heutigen Institutionen ist der Begriff Teamwork inzwischen ein unverzichtbarer Bestandteil geworden. Durch die gewinnende Bedeutung innerhalb der Organisationen, steigen auch die Anstrengungen diese Teams möglichst effektiv zu gestalten. Die Erfahrung zeigt, dass Investitionen in Teamreflexion und Teamentwicklung unabdingbar sind, damit eine Teamarbeit optimal funktioniert und nicht zum „Selbstläufer" führt. In erfassbaren und überschaubaren Einheiten wird die Verantwortung dezentralisiert. Innerhalb der Teamstrukturen werden Problemlösungen angegangen und aufgezeigt. Teamstrukturen sind zu führenden Arbeits- und Kooperationsformen avanciert.

1 Einleitung

„Elf Freunde müsst Ihr sein!", so die Forderung des Bundestrainers Sepp Herberger. Mannschafts-Geist galt ihm als Schlüssel zum Erfolg. Und in der Tat: elf Freunde waren sie, die Elf der 54-er Weltmeisterschaft, die Helden von Bern (Dick & West, 2013, S.1).

Die Aussage von Sepp Herberger offenbart, dass ein erfolgreiches Team einen Prozess und einen prototypischen Ablauf einer Teamentwicklung durchlaufen muss. Jedes Teammitglied ist ein Individuum, welches seine Bedürfnisse, Persönlichkeit und Verhaltensweise zwangsläufig ins Team einbringt und seinen Platz innerhalb des Teams finden und etablieren muss.

Der Teamerfolg ist geprägt von einer gemeinsamen Zielerkennung und Zielerreichung. Vorhandenes Know-how und Potential wird optimal eingesetzt. Effizientes Zusammenarbeiten ist genauso zu gewährleisten, wie die enge Zusammenarbeit zwischen dem Team und dem Vorgesetzten.

Wir bewegen uns Tag für Tag in unterschiedlichen Teams. Ob innerhalb der Arbeitswelt, der Familie oder in der Freizeit. Teams sind ein florierender Trend sowohl im privaten als auch im öffentlichen Sektor. Bedingt durch immer neu gestellten Anforderungen in der modernen Organisation müssen sich die Teams flexibel und anpassungsfähig zeigen. Das System der gruppenorientierte Arbeitsform ist komplex, dynamisch und undogmatisch, welche sich über die Zeit und in Abhängigkeit vom umgebenden Kontext verändern.

Wo liegen die Stärken eines Teams? Warum entstehen Spannungen und destruktive Stimmungen? Was kann ein Team am Arbeiten hindern? Wo liegend die Stärken des Teams? Gibt es Probleme bei der Entscheidungsfindung, der Kommunikation oder der Motivation? Die Teamarbeit ist ein sehr komplexer Prozess und diffizil. Konflikte, welche offen oder latent ausgetragen werden, vergiften das Klima, kosten Zeit und Energie. Die Teamerfolge stellen sich nur schleppend ein.

Bei der Personal- und Organisationsentwicklung zählt die Teamentwicklung als eine fundamentale Tragstütze. Unter Teamentwicklung werden das systematische Zusammenspiel und die Zusammenarbeit verstanden. Ohne eine Teamdiagnose kann jedoch die Teamentwicklung nicht gemessen werden. In der Teamdiagnose wird die grundlegende Teamarbeit, die methodisch geplante und zielgerichtete Informationen über die Gruppenmitglieder, die Beziehung zum organisatorischen Kontext und der Arbeitsgruppen gesammelt und analysiert.

1.1 Aufbau der Seminararbeit

Die vorliegende Seminararbeit gliedert sich in acht Bereiche. Neben der Einleitung, in welcher den Lesern ein kurzer Einblick in die Materie der Teamdiagnose gewährt wird, werden die

Zielsetzungen der Semesterarbeit samt Fragestellung erläutert. Der Autor erklärt anschliessend im Kapitel 2 die Grundbegriffe vom Team und was unter „erfolgreich" zu verstehen ist. Im Kapitel drei werden die Modelle von Tuckman und Gersick und deren Wirkung aufgezeigt. Im Kapitel vier und fünf wird mittels Literaturrecherche der Fokus auf das konzeptionelle Fundament der Thematik der Teamdiagnose und deren Instrumente dargelegt. Das Kapitel sechs befasst sich mit der eigentlichen Teamentwicklung und den entsprechenden Verfahren. Die Auswertung der Ergebnisse aus Literatur, die kritische Gegenüberstellung mit der Fragestellung und der aufgestellten Forschungsfrage werden im Kapitel sieben erörtert und den Lesern aufgezeigt. Im Fazit wird die Quintessenz aus der Seminararbeit gezogen und eine Empfehlung für mögliche weiterführende Forschungen in diesem Fachbereich abgegeben.

1.2 Fragestellung und Zielsetzung

Im Rahmen der vorliegenden Seminararbeit wird folgende Forschungsfrage formuliert und beantwortet:

Kann die Teamdiagnose der Ausgangspunkt für eine erfolgreiche Teamentwicklung sein?

Ziel der vorliegenden Seminararbeit ist es folgende Fragen zu beantworten:

- Was ist Teamdiagnose überhaupt?
- Was bedeutet Teamentwicklung?
- Was ist Ausgangspunkt?
- Bedeutung von „erfolgreich"?
- Wann ist etwas erfolgreich?

2 Definition und Bedeutung

2.1 Definition Team

Der Anglizismus Team bezeichnet eine aktive Gruppe von Menschen, welche zur Lösung einer bestimmten Aufgabe zusammengeschlossen wurden oder um ein Ergebnis zu erreichen, das für jedes einzelne Teammitglied allein nicht leistbar gewesen wäre. (Mabey, 1999)

Rückblickend auf die Geschichte der Menschheit, haben sich schon in der Steinzeit Gruppen zusammengefügt. Innerhalb der Gruppen konnten die Jagdchancen erhöht und die Sicherheit gegenüber gefährlichen Tieren maximiert werden. In den heutigen Branchen, wie Banken, Versicherungen, Schulen, Spitälern, Schulen etc. finden sich Arbeitsteams. Teamwork hat in der Geschichte der Menschheit bis dato bedeutende Erfindungen gemacht. Ohne Teamwork wäre eine Mondfahrt oder eine Transplantation des Herzens undenkbar. (Van Dick, 2005)

2.2 Unterschied zwischen Gruppen und Teams

Was macht den eigentlichen Unterschied zwischen Gruppen und Teams aus? Wodurch unterscheiden sich lose Gruppen von funktionierenden Hochleistungsteams? Nach Kauffeld (2001) ist auch ein Team eine Gruppe, jedoch nicht jede Gruppe ein Team. Um das vorhandene Leistungspotential der Mitarbeiter voll auszuschöpfen, müssen Arbeitsgruppen in der Entwicklung gefördert werden, denn die Arbeitsgruppen und Teams unterscheiden sich in der Effizienz, in den Werten, in der gelebten Arbeitskultur und im verstanden Sinn der Arbeit. (Rosenstiel & Nerdinger, 2011, S.283)

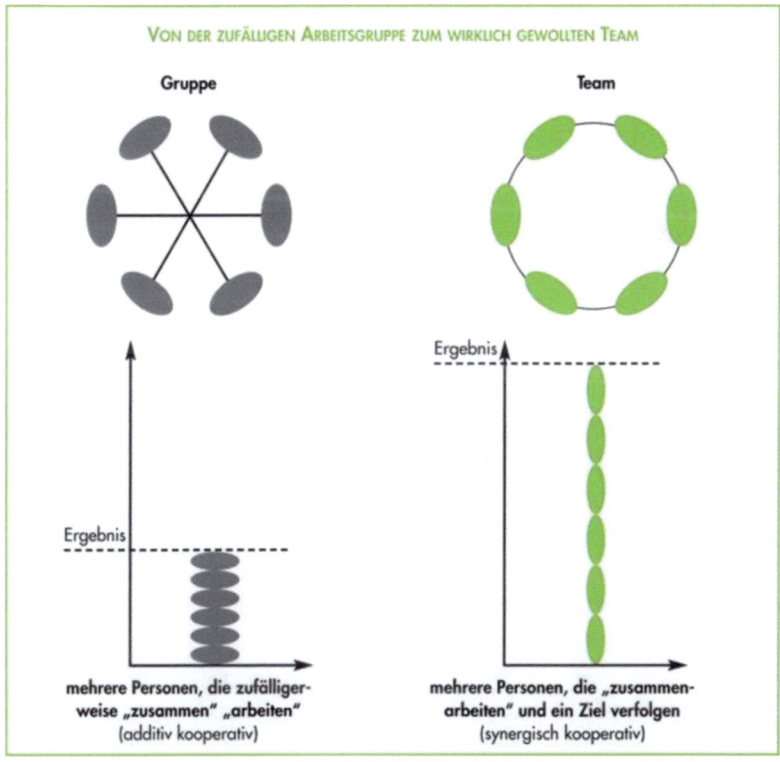

Abbildung 1: Quelle: Darstellung entnommen aus: http://blog.vorest-ag.com/vorest_aktuell/erfolgreiche-teamarbeit-arbeiten-im-team-will-gelernt-sein

Folgende Merkmale zwischen Gruppen und Teams zeigen die wichtigsten Unterschiede auf, denn das Prädikat „TEAM" verdient eine Gruppe erst, wenn gewisse Voraussetzungen erfüllt sind:

Merkmale	Gruppe	Team
Wo liegen die Interessen?	Individuen verfolgen eigene Interessen	Alle ziehen an einem Strang
Welche Ziele gibt es?	Verfolgung von unterschiedlichen Zielen	Verfolgung gleicher Ziele
Was hat Priorität?	Gruppenzugehörigkeit ist nachrangig	Gruppenzugehörigkeit hat erste Priorität
Wie ist die Organisation?	Organisation ist locker und unverbindlich	Organisation ist straff und verbindlich
Wie ist die Motivation?	Extrinsische Motivation	Intrinsische Motivation
Wer konkurriert mit wem?	Konkurrenz innerhalb der Gruppe	Team konkurriert nach aussen
Wie wird kommuniziert?	Es wird teilweise offen und verdeckt kommuniziert	Informationen und Feed-backs werden transparent und fair kommuniziert

Abbildung 2: Quelle: Eigene Darstellung in Anlehnung an https://organisationsberatung.net/ unterschied-gruppe-team/

2.3 Teamfähigkeit eines Teams

Um eine solidarische und effektive Zusammenarbeit überhaupt zu ermöglichen, muss die individuelle Bereitschaft und Fähigkeit jedes einzelnen Teammitgliedes vorhanden sein. Die Zusammenarbeit soll als positiv und zielgerichtet erlebt werden. Unter den wichtigsten Anforderungen werden Kommunikationsfähigkeit, Kritikfähigkeit, Integrationsfähigkeit, Kooperationsfähigkeit, Konfliktfähigkeit und Konsensfähigkeit genannt. (Kunert & Knill, 2000)

2.4 Bedeutung „erfolgreich"

Wenn ein Team dank gut funktionierendem Teamwork die gemeinsam gesetzten Ziele erreicht, so kann dieses Team als erfolgreich bezeichnet werden. Doch was macht den Erfolg überhaupt aus? Diese Fragestellung muss zwingend vorab innerhalb des Teams analysiert werden, denn die Bedeutung „Erfolg" stellt für jedes Teammitglied etwas anderes dar. Das eine Teammitglied freut sich über einen erfolgreichen Vertragsabschluss, der andere Player über einen geglückten Projektstart und ein Anderer über eine gut geführte Kommunikation.

Um Ziele in Ergebnisse umzusetzen bedarf es der Umsetzungskompetenz. (Martens & Kuhl, 2009, S.35)

In der Forschung werden zwei Arten von „Erfolg" definiert. Beim Erfolg nach der Zielerreichung steht das erreichte Ziel im Vordergrund. Hier wird die Betrachtergruppe die Zielerreichung werten und als achtbar empfinden. Beim Erfolg nach dem Bezug zum Menschen wird der persönliche Erfolg anhand des positiven Resultats der Aktivität gewertet. (Drucker, 1993)

Der eigentliche Begriff Erfolg kann mit dem Begriff Sieg und Glück gleichgesetzt werden. Ein erreichtes Teamziel kann einen Flow Effekt auslösen, was wiederum bei den Teammitgliedern Glücksgefühle auslöst und ein Annehmen grosser Herausforderungen begünstigt. (Csikszentmihalyi, 2004)

Damit ein Team erfolgreich sein kann, müssen folgende Aspekte gegeben und von jedem Teammitglied respektiert sein:

- **Psychologische Sicherheit**

  Jedes Teammitglied muss sich dem Risiko aussetzen können, sich gegenüber den anderen Teammitgliedern zu exponieren. Es ist zwingend, dass innerhalb des Teams eine Kultur von Respekt vorhanden ist, d.h. jeder kann seine Meinung, Kritik, Anregung und Vorschläge ohne Angst äussern. Fehlt diese psychologische Sicherheit wird sich kein Teammitglied äussern und zur Entwicklung beitragen.

- **Zuverlässigkeit**

  Teamgeist muss vorhanden sein. Es ist wichtig, dass sich die Mitglieder auf einander verlassen können und sich jedes Mitglied im Team gleichermassen verpflichtet fühlt, die gestellten Aufgaben rechtzeitig und in der geforderten Qualität zu erfüllen.

- **Klare Strukturen und Ziele**

  Ohne klare Strukturen und Ziele kann kein Team wirtschaftlich und optimiert funktionieren. Diese sind entscheidend für den Teamerfolg. Es ist wichtig, dass die Teamleitung die Rollen akkurat verteilt. Die Stärken der Mitglieder werden gezielt eingesetzt und gefördert.

- **Persönliche Anliegen**

  Die Teammitglieder müssen sich mit ihren Aufgaben identifizieren und die zugewiesene Arbeit und Position muss Spass machen. Unter diesen Umständen haben alle einen intrinsischen Anreiz jede Herausforderung zu meistern und ihr Bestes zu geben.

- **Sinnhaftigkeit der Aufgabe**

  Es ist schwierig eine Aufgabe zu meistern, wenn der Sinn und das Ziel der gestellten Aufgabe nicht erkennbar sind. Aus diesem Grund ist es zwingend, dem Team den Nutzen für die Organisation einfach und logisch aufzuzeigen. (Tagesanzeiger, 2015)

3 Modelle von Tuckman (1965) und Gersick (1988)

Im vorgehenden Kapitel wurde den Lesern ein kleiner Einblick in die Bedeutung eines Teams gewährt. Im nachfolgenden Kapitel, wird der Autor die zwei wohl bekanntesten Gruppenmodelle vorstellen und im Anschluss kritisch hinterfragen. Undiskutabel ist jedoch, dass beide Modelle der Führungskraft bei der Teamentwicklung aufzeigen, in welcher Phase sich das Team befindet und wann das Team konkrete Hilfe von der Führungskraft benötigt. Durch die Strukturierung der Modelle sind die kritischen Situationen, in welchen Konflikte innerhalb der Teambildung entstehen können, prognostizierbar. Ungelöste Kontroversen bei einer Teamentwicklung führen zu verhärteten Fronten und bedürfen einer zwingenden Klärung, ansonsten diese den Erfolg der Entwicklung blockieren. (Dick & West, 2013, S.29)

3.1 Phasenmodel nach Tuckman

Gruppen durchlaufen zwangsweise diverse Phasen einer Gruppenbildung. Die Gruppe benötigt eine Führung und funktionierende Strukturen. Je mehr Akzeptanz die Gruppe gegenüber Führung und Strukturen gewährt, umso weniger intensiv sind die einzelnen Phasen der Gruppenbildung sichtbar. (Tuckman, 1965)

Das wohl bekannteste Phasenmodell wurde 1965 vom amerikanischen Psychologe Bruce Tuckman erforscht und entwickelt. (Tuckman, 1965) In diesem Phasenmodel zeigt Tuckman nacheinander folgende Entwicklungsphasen auf.

Während der Forming Testphase (Kennenlernen) kommen die Menschen zusammen, welche künftig ein Team bilden sollen. Ob dies auf freiwilliger Basis geschieht oder aufgezwungen ist, spielt dabei keine Rolle. In der zweiten Phase der sogenannten Storming Phase, werden Konflikte und Konfrontationen ausgetragen. Diese Phase ist mit der Hackordnung von Hühnern vergleichbar. Innerhalb der Norming Phase ist die Gruppe in der Lage die Zusammenarbeit (Rollenverteilung, Kommunikation, Entscheidungen etc.) zu gestalten und zu organisieren. In der Performing Phase, auch Produktivitätsphase genannt, kann das Team endlich Leistung erbringen. Jedes Teammitglied respektiert und akzeptiert sich gegenseitig. Die Teamidentität sowie Teammoral und Loyalität sind stark ausgeprägt. Diese Phase zu erreichen ist nicht vielen Teams vorbehalten, denn diese Phase setzt eine hohe persönliche und gruppendynamische Reife sowie eine optimale organisationsstrukturelle und –prozessuale Bedingung voraus. (Tuckman, 1965, S.384-399)

Das Phasenmodel nach Tuckman wurde 12 Jahre später (1977) um eine weitere Phase, die sogenannte Adjourning (Auflösungsphase) erweitert. (Stahl, 2007, S. 46)

Die Team-Uhr nach Bruce W. Tuckman

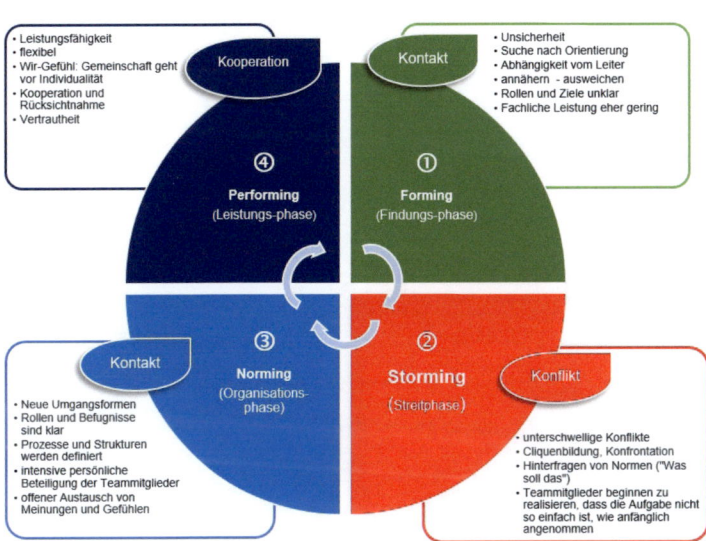

Abbildung 3: Quelle: Eigene Darstellung in Anlehnung an http://dev.engineeryourlife.de/die-team-uhr/

3.2 Punctuated-Equillibrium-Model von Gersick

Gersick zeigt anhand seines Punctuated-Equillibrium-Model auf, dass in einer nicht dauerhaft gebildeten Arbeitsgruppe, welche eine definierte und temporäre Lebensdauer hat, ebenfalls eine Entwicklung stattfindet. Das Model ist trotz seiner komplexen Bezeichnung ein sehr einfach konzipiertes Model. Gersick zeigt anhand seinem Model nur noch zwei Entwicklungsstufen auf: nach dem ersten Treffen als Team, wird gleich mit der Aufgabenbearbeitung gestartet. Der Ablauf ist zu Beginn chaotisch und mit relativ niedrigem Leistungsniveau gewertet. Gersick belegt mit seinem Model, dass es tendenziell in der Mitte, zwischen der ersten Zusammenkunft und dem Abgabetermin, innerhalb der Arbeitsgruppe zu einer Transition, einem „Aufwachen" kommt. Die Gruppe registriert die Deadline und die Leistung wird unverzüglich gesteigert. Innerhalb dieser Transition werden Konflikte und Krisen ausgefochten. Die Lebensdauer der Arbeitsgruppe ist mit der Deadline abgeschlossen und beendet. (Dick & West, 2013, S.28-30)

Modell der Entwicklung temporärer Teams von Gersick

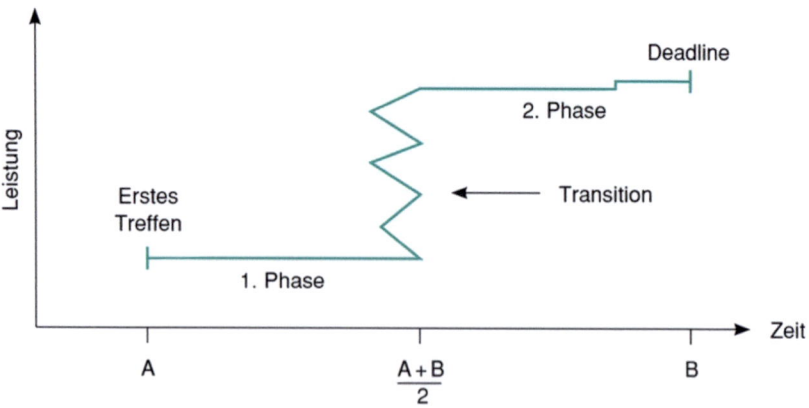

Abbildung 4: Quelle: Darstellung entnommen aus http://www.onleihe.de/static/content/ho-grefe/20130424/978-3-8409-2481-1/v978-3-8409-2481-1.pdf, S. 29

3.3 Fazit der Modelle

Die Entwicklungsprozesse nach Tuckman (1965) basieren in den Entwicklungsstufen auf der sozio-emotionalen Ebene, welche wiederum nachhaltig vom Modell der Trainings- und Thera-piergruppe geprägt sind. Diese beschriebenen Phasen werden jedoch dem Tatbestand nicht ganz gerecht. Erkennbar wird dieser Tatbestand in der Storming Phase, in welcher es auf der aufgabenbezogenen Ebene zu einem emotionalen Widerstand gegen die mit der Aufgabe ver-bundene Anforderung kommt. Die registrierte Diskrepanz zwischen der Verhaltensanpassung und der Zielsetzung kann gemäss Tuckman (1965) auf die Selbstfindung des Individuums zu-rückgeführt werden. Dieser emotionale Widerstand ist nachvollziehbar, da es sich hierbei um eine natürliche Abwehrreaktion der Gruppenmitglieder zum Schutz der eigenen Identität han-delt, welche wiederum die weitergehende Forming Phase blockiert. In einem publizierten Arti-kel (Tuckman & Jensen, 1977) stellt Tuckman klar, dass es sich bei seinem Modell lediglich um eine theoretische Konzeptualisierung handelt, welche wiederum stark vom Datenmaterial geprägt ist und eine Übertragung auf Arbeitsgruppen diffizil macht. Das Datenmaterial, wel-ches hauptsächlich aus Beobachtungen der Coaches stammt, kann vom wissenschaftlichen Standpunkt aus, nicht von einer erforderlichen Objektivität sprechen. Diese Schwachstellen waren Tuckman durchaus bewusst, jedoch hat er seine Thesen nie empirisch nachprüfen las-sen. (Stumpf & Thomas, 2003 S.38f)

Im Modell nach Gericks (1988) kann aufgrund von kleinen Analysen festgehalten werden, dass in Arbeitsgruppen innerhalb kurzer Zeit ein gemeinsamer Rahmen für die Problembewältigung festgelegt wird. Die Einzelfallstudie Ginnets (1990) bestätigt diese These. Ginnet begleitete eine neu gebildete Cockpit-Crew über die vier Tage ihres gesamten Lebenszyklus hinweg. Die Formierung und die Fähigkeit der Gruppe den komplexen Anforderungen gerecht zu werden, zeigte sich innerhalb der ersten zehn Minuten. Diesen rasanten und effizienten Formierungs-prozess bezeichnet Ginnet (1990) als eine „function of the shell that each crew member im-ports – and much of that shell originates in the organzational context" (Stumpf & Thomas, 2003 S.48).

4 Arbeiten im Team

Gladstein (1984) stellt das Team, die Arbeitsgruppe, in welche die einzelnen Mitarbeitenden eingebunden sind, als Verbindungsstück zwischen dem Individuum und der Organisation dar. Teamarbeit steht im Zentrum der neuen Arbeits- und Managementkonzepte. Mit genau diesen komplexen Modellen kann ein erweiterter Zugriff auf die Effizienz, die Synergien, Die Einsatz-bereitschaft und die Selbststeuerungs- und Abstimmungsfähigkeiten der Mitarbeitenden erfol-gen. (Binkelmann, Braczyk & Seltz, 1993)

Für die effektive und erfolgreiche Teamführung empfiehlt sich, dass sich die Führungskraft am Modell der Teamrollen nach Meredith Belbin anlehnt. Nach Belbin (1993) werden den Team-mitgliedern neun mögliche Rollen zugesprochen: der Erfinder, der Koordinator, der Beobach-ter, der Umsetzer, der Perfektionist, der Netzwerker, der Macher, der Teamarbeiter und der Spezialist. Im Idealfall besetzt ein Teammitglied mehrere Rollen. Es ist essentiell, dass keine Rolle unbesetzt bleibt, denn eine ausgeglichene Durchmischung der Teamrollen kann im Rah-men der Teamentwicklung Leistungsdefizite oder Konflikte aufzeigen und einen wichtigen Schritt zur Lösungssuche beitragen. (Belbin, 1993)

4.1 Einsatz von Teamarbeit

Für die Organisationen stellt die Teamarbeit ein enormes Potential dar. Komplexere Frage-stellungen werden im Team abgehandelt, dadurch wird das Selbstvertrauen in die eigene Fä-higkeit gestärkt und die Festigung der Identifikation mit dem Betrieb ist eine willkommene Ne-benwirkung. Als negativen Aspekt von Teamarbeit kann das soziale Faulenzen (Ingham, Le-vinger, Graves & Peckham, 1979) genannt werden. Es ist wichtig, dass die Führungskraft ge-naue Rahmenbedingungen vorgibt, damit alle Teammitglieder am gleichen Strang ziehen und keiner sich zum sozialen Nutzniesser entwickelt.

4.2 Teamarten

Teams werden in folgende Gruppen gegliedert und differenziert:

- Das Abteilungsteam ist eine der häufigsten angewandten Form eines Teams. Diese Teams werden gewöhnlich langfristig gebildet und stellen in der Regel ein Teil der entsprechenden Abteilung dar. Beispiele dafür sind Buchhaltungsteams, Kundendienstteams sowie technische Supportteams. (Brounstein, 2007, S.21-22)

- Projektteams werden in der Regel für die Dauer eines Projektes gebildet. Während den verschiedenen Projektphasen tritt es als spezialisiertes Team auf, welches das anstehende Projekt zusammen angeht und interdisziplinär erfolgreich bewältigt. Innerhalb der Organisation untersteht das Projektteam dem Auftraggeber und dem Projektmanagement. Dier Startsitzung bildet den offiziellen Start des Projektteams. (Brounstein, 2007, S.37)

- Optimierungsteams werden gebildet um Verbesserungen an arbeitsrelevanten Prozessen zu erreichen. Als Beispiel kann ein KVP-Team genannt werden. Der kontinuierliche Verbesserungsprozess (KVP) basiert auf dem japanischen Gedanken Kaizen und soll durch kleine Schritte den täglichen Gebrauch optimieren. (Schumacher & Gschwill, 2009; S.128)

- Als Quality Circles werden Arbeitsgruppen bezeichnet, welche in der Regel für einen befristeten Zeitraum gebildet werden. Durch die Fähigkeit der Teammitglieder werden diese Teams bei schwierigen Fragen und kritischen Problemen eingesetzt. Es werden konkrete Lösungsvorschläge erwartet. (Brounstein, 2007, S.37f)

- Remote Teams verfolgen ein gemeinsames Ziel und deren Teammitglieder verfügen über ein hohes Mass an Selbststeuerungsfähigkeit. Obwohl sie gemeinsam an interdependenten Herausforderungen arbeiten, sind die Teammitglieder über die ganze Welt verstreut. Hier ist es sehr schwierig überhaupt ein Teambildungsprozess aufzuzeigen. Moderne Kommunikationstechnologien unterstützen diese Teams in ihrer Kommunikation. (Sulzbacher, 2003, S.81)

- Managementteams sind omnipräsent, obwohl diese nicht einem richtigen Team entsprechen. Es findet zwar ein aktiver Austausch statt, doch jedes Teammitglied ist für seinen zugeteilten Tätigkeitsbereich verantwortlich und nicht gemeinsam an der Unternehmensführung beteiligt. (Brounstein, 2007, S.38)

5 Teamdiagnose

Professionell betriebene soziale Arbeit setzen das Wissen um die Idee der Teamarbeit, die Vor- und Nachteile ihrer Anwendung, die Analyse der Teamstruktur und der Weg zu seiner professionellen Weiterentwicklung voraus. (Dick & West, 2013, S.8)

In den gebräuchlichen Teamdiagnosen werden hauptsächlich zwei autonome Dimensionen, wie „Task Reflexivity" (Ziel-, Aufgabenorientierung) und „Social Reflexivity" (Personenorientierung) betrachtet. Im Modell Team Reflexivity von West erfolgt eine Zuordnung je nach Ausprägung der Dimensionen in vier Teamtypen. (Kauffeld, 2004)

Nach Kauffeld (2004) bezieht sich die aufgabenbezogen Reflexivität (Task Reflexivity) mehrheitlich auf die Teamziele, sowie die Aufgabenorientierung, wobei eine Fokussierung auf die Handlungsmöglichkeiten nicht ausser Acht gelassen werden darf. Nach Dick & West (2013) erkennt das Team durch diese Art von Reflexion mögliche Problemstellungen, kann diese optimieren und dadurch die Teameffektivität steigern. Reflexive Teammitglieder interagieren verstärkt untereinander. Unterstützungsprozesse und Konfliktlösungsstrategien werden erarbeitet und dadurch wird die soziale Dimension positiv beeinflusst. (Dick & West, 2013)

Beide Dimensionen optimiert und zielführend zu bearbeiten ist eine grosse Herausforderung. Teammitglieder, welche eine starke Ausprägung in beiden Dimensionen aufweisen, zeigen ein starkes Zusammengehörigkeitsgefühl und nehmen sich als ein „echtes" Team wahr. (Dick & West, 2013)

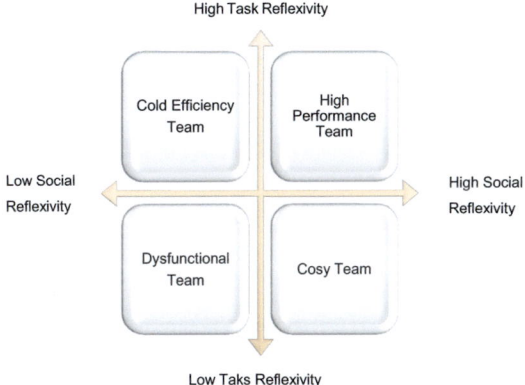

Abbildung 5: Quelle: Eigene Darstellung in Anlehnung an http://www.nextlevelconsulting.eu/tl_files/Bilderpool/Artikel%20Gunter%20Abb%201.jpg

5.1 Teamdiagnose und Ablauf

Die Teamdiagnose analysiert in der Teamarbeit die Aspekte des Soll- und Ist-Zustandes. Bei der Teamdiagnose werden methodisch geplante und zielgerichtete Informationen über die Gruppenmitglieder, die Beziehung zum organisatorischen Kontext und der Arbeitsgruppen gesammelt. Das Hauptaugenmerkmal liegt hierbei auf den gruppendynamischen Prozessen der sogenannten weichen Faktoren. Die gesammelten Informationen dienen der Argumentation, der Regulierungen und der Rückmeldung über konzeptionelle oder bereits realisierte Interventionen im Rahmen der Teamentwicklung. (Balz & Spieß, 2009; S. 134)

Ziel einer Teamdiagnose ist es, Schwachstellen und Entwicklungspotentiale aufzudecken, respektive sich seiner Stärken bewusst zu werden und diese gezielt innerhalb des Teams einzusetzen. Selbstverständlich ist auch der Aspekt der Reflexivität für Individuen hilfreich, da so unterschiedliche Perspektiven ermöglicht werden. Nach Kauffeld und Grote (2003) stellt eine gut aufbereitete und strukturierte Teamdiagnose die Voraussetzung für jede Teamentwicklungsmassnahme dar. (Dick & West, 2013, S.8)

Die Teamdiagnose soll der Startpunkt für die Entwicklung und für die Verbesserung darstellen. Wichtige Faktoren des Teamerfolges werden greifbar gemacht und in folgenden Bereichen aufgezeigt:

- Ziele und Zielorientierung

- Organisation des Teams

- Teamleitung

- Kommunikation im Team

- Identifikation und Motivation

- organisatorische Rahmenbedingungen

Bei einer Teamdiagnose wird folgender Ablauf aufgezeigt, wobei der Aspekt von einem neutralen Coach durchaus ratsam und empfehlenswert ist:

1. **Vorgespräch**

- vorab muss allen das genaue Verfahren aufgezeigt werden

- gemeinsame Ziele werden definiert und fliessen in die Fragestellung ein

- Teamregeln und Kommunikation werden festgelegt

- Termine und Ort für Workshops werden fixiert

2. **Beobachtungen:** Der Coach begleitet und beobachtet das Team bei einem Meeting

3. **Einzelinterviews:** Innerhalb persönlicher Interviews werden die einzelnen Teammitglieder bezüglich subjektiver Wirkung punkto Selbstmanagement, Teamgeist und Zusammenarbeit, Funktion befragt. Selbstverständlich sind auch die Fragen bezüglich Teamwirkung innerhalb und ausserhalb der Organisation von Bedeutung.

4. **Fragebogen:** Die Definition von Arbeitsschritten und Spielregeln sind zwingend vor jeder Befragung klar festzulegen: Datenerhebung, Datenauswertung, Datenfeedback, Datenverwertung, Erfolgskontrolle sowie Information und Kommunikation. Die Fragestellungen der Organisation sind zentral. Die einzelnen Instrumente werden immer im Rahmen eines Entwicklungsprozesses eingesetzt, sind also nie Urteile oder - schlimmer - Selbstzweck. Themen und Fragen richten sich auf das Leitbild, der Führungsgrundsätze und/oder zuvor definierte Soll-Zustände. Auswertung und Maßnahmenplanung richten sich im Rahmen des großen Ganzen auf klar definierte Ziele aus. Jedes Thema, jede Frage hat einen SOLL- und einen IST-Wert. Damit lassen sich unterschiedliche Ansprüche verschiedener Gruppen erkennen. Abweichungen werden in Beziehung zum Anspruchsniveau gesetzt, statt zu einem abstrakten Werteschema. Fokuspersonen können auf unterschiedliche Rollenerwartungen eingehen, statt sich ändern zu müssen.

5. **Auswertung:** Die Resultate aus der Befragung werden von der beauftragten Firma systematisch ausgewertet.

6. **Auswertungsworkshop:** Erkenntnisse aus der Diagnose werden gemeinsam im Team besprochen und analysiert. Es werden Prioritäten festgelegt, um sich nun vertieft mit der aufgezeigten Erkenntnis auseinander zu setzen.

7. **Feedback:** In einer gemeinsamen Feedbackrunde werden nun gemeinsam die weiteren Schritte, respektive die benötigte Vorgehensweise definiert und angegangen.

8. **Follow Up:** Es ist ein Irrtum, wenn davon ausgegangen wird, dass ein Follow Up nicht von grosser Bedeutung ist. Innerhalb eines Follow Up`s werden Zielerreichung und Kommunikation überprüft und neu bewertet. Hier können Abweichungen konkret analysiert und schnell korrigiert werden. Eine stetige Überprüfung gesetzter Ziele und Herausforderungen sind als positive Entwicklungsinstrumente zu werten. (Entwicklerey, 2015)

Die verschiedenen Sichtweisen der Teammitglieder zu veranschaulichen, gemeinsam aufzuarbeiten und gegenüberzustellen, wird zusätzlich das erhaltene Ergebnis detaillierter aufzeigen. Die Teamdiagnose soll die Grundlage und der eigentliche Ausgangspunkt für die Teamentwicklung sein. (Gellert & Nowack, 2007)

5.2 In welchen Situationen ist eine Teamdiagnose angebracht

Wichtiger Aspekt innerhalb der Teamführung muss der erkennbare Indikator eines Missstandes innerhalb des Teams sein. Bei nachfolgenden Indikatoren sollte seitens Teamführung umgehend gehandelt werden:

- fehlende Teamleistung

- gute Teamplayer verlassen die Organisation, Fluktuation nimmt zu

- innerhalb eines Teams kriselt oder harzt es

- Teamentwicklung wird aktiv gefördert (hier sind erfahrungsgemäss gezielte Veränderungen wirkungsvoller und wirtschaftlicher)

- neue Arbeitsgruppen, welche nun die gemeinsamen ersten 100 Tage erreicht haben

- zur statistischen Absicherung, Bestimmung vor Prioritäten und Schaffen eines gemeinsamen Problembewusstseins vor dem Lösungsprozess

(satya-gruppe.ch, 2016)

5.3 Worin liegt der eigentliche Nutzen einer Diagnose

Ziel und Nutzen einer Diagnose ist es, offenzulegen, was mit blossem Auge nicht erkennbar ist. Durch die Fremdeinschätzung kann dem Team der „blinde Fleck" aufgezeigt werden. Dem Team wird durch eine neutrale Fachperson der Spiegel vorgehalten und die Möglichkeit zur Reflexion eröffnet. Durch diesen Prozess erhält das Team die Möglichkeit in eigener Regie Veränderungen anzugehen und realistische Massnahmen zur Verbesserung der Teamsituation zu entwickeln. Durch die aufgezeigten Erkenntnisse können Massnahmen zur Behebung und Strukturierung nicht reibungslos ablaufender Prozesse oder der Optimierung unzureichender Zielerreichung und fehlender Leistung ergriffen werden. (Kauffeld, 2001, S.49f)

Eine erfolgreiche Teamentwicklung wird nie vor einer Identifikation der Stärken und Schwächen des Teams stehen. Die geeignete Wahl der Intervention kann man mit dem Satz „the team`s needs are appropriately diagnosed" (Tannenbaum, Salas & Cannon-Browes, 1996, 525) abbilden.

6 Instrumente der Teamdiagnose

Die Beschränkung auf einzelne Instrumente ist nicht ratsam. Die Verbindung von individuellen Interviews mit dem Einsatz von Fragebögen ist durchaus sinnvoll und zeigt ein realistisches Bild des Teams. Insgesamt stehen zahlreiche diagnostische Instrumente zur Verfügung, wobei auch Auswertungen von kritischen Ereignissen, Protokolle und Analysen betrieblicher Vorgänge und Abläufe hilfreich sein können. (Comelli & Rosenstiel, 2009) Grundsätzlich werden in der Teamdiagnose prozessanalytische und strukturanalytische Verfahren unterschieden.

6.1 Prozessanalytisches Verfahren

Die prozessanalytischen Verfahren finden sich bei Comelli (1995) unter den Stichworten Verhaltensbeobachtungen und Prozessanalysen. Mit der kritischen Überprüfung von einer Arbeitseinheit, können Verbesserungsmöglichkeiten erkannt werden. Hierbei spielt es keine Rolle, ob die Beobachtungsdauer nur eine Gruppendiskussion oder einen ganzen Trainingstag andauert. (Comelli, 1995, S. 397)

Comelli (1995, S. 397) bezeichnet eine Beobachtung mit der Unterstützung von Videoaufnahmen als eine äussert hilfreiche Methode, da die meisten Teammitglieder in der Anfangsphase eher gehemmt sind und sich als Betroffene und Beteiligte nicht gerne als Gegenstand der Betrachtung sehen möchten. Wichtige Voraussetzung ist, dass die Beobachter während der Aufnahme der Daten und Merkmale der soft facts auf dem entsprechenden inhaltsanalytischen Kodiersystems instruiert sind. (Kauffeld, 2001)

Nennenswerte Verfahren sind die Interaktion-Prozess-Analyse (IPA) von (Bales, 1950) und darauf aufbauend SYMLOG (System fort the Multiple Level Observation of Groups) von (Bales & Cohen, 1982), ebenfalls die Konferenzkodierung (KONFKOD), das Kasseler Kompetenz-Raster (KKK) oder auch das Cognitive Mapping. (Kauffeld, 2001,S. 55)

6.2 Strukturanalytisches Verfahren

Unter einer Strukturanalyse werden die Erfassung und die Abbildung der existierenden Strukturen innerhalb der Gruppe verstanden. Mit standardisierten Fragebögen, Rating-Bögen und Adjektivlisten wird ein momentaner Schnappschuss der Gruppe abgebildet. Es zeigt jedoch nur ein grobes und nicht detailliertes Bild der Gruppe. Dieses Verfahren respektive Instrument wird mehrheitlich eingesetzt, da es ressourcenschonend und leicht handhabbar ist und eine geringe Vorbereitungszeit beansprucht. Das Verfahren stellt eine effiziente Methode für Langzeituntersuchungen von Gruppenstrukturen und Gruppenprozessen dar. (Kauffeld, 2001, S.56)

Im Anhang legt der Autor ein Exemplar einer möglichen Befragung bei. Wobei der Fragebogen sich den Strukturen einer Unternehmung respektive an die Gruppe angleichen muss, damit das Resultat überhaupt eine zielgerichtete Aussage zulässt.

6.3 Prozessanalytisches versus strukturanalytische Verfahren Nutzen

In der nachfolgenden Kurzübersicht wird ein Vergleich zwischen den beiden Verfahren aufgezeigt:

	Prozessanalytisches Verfahren	Strukturanalytische Verfahren
Fokus	Objektive Realität	Subjektive Wahrnehmung der Gruppenmitglieder
Methodischer Zugang	Verhaltensbeobachtung	Fragebogen
Vorteile	• Hoher Informationswert • Detailgenauigkeit • Adäquate Abbildung komplexer Phänomene • Keine bzw. geringe Reaktivität • Erfassung von Daten-aggregation|	• Hohe Standardisierung • Geringer Bedarf an Ressourcen • Einfacher Einsatz bei Langzeit-untersuchung • Subjektive Einschätzung
Nachteile	• Geringe Standardisierung • Hoher Zeitaufwand • Hoher Bedarf an Ressourcen • Kodiertraining erforderlich • „Schluck" Effekt	• Grobes Bild • Hohe Reaktivität bei wiederholtem Einsatz • Erinnerungseffekte – besonders bei kurzen Abständen zwischen den Einsätzen • Keine Information über Mikro-Prozesse

Abbildung 6: Quelle: Eigene Darstellung in Anlehnung an Kauffeld, 2001,S. 57

7 Teamentwicklung und Massnahmen

7.1 Teamentwicklung

Die Teamentwicklung kann aufgrund der Analyse der Teamdiagnose angegangen werden. Sprichwörtlich ist die Teamdiagnose der Ausgangspunkt einer Teamentwicklung. Innerhalb eines Teams werden die gemeinsam festgelegten Ziele, das angestrebte Kooperationsverhalten, Prozesse und Strukturen aufgenommen und in den Arbeitsalltag eingebunden. Im Gegensatz zu den herkömmlichen Teams liegt die Verbindlichkeit und die Wahrscheinlichkeit einer gezielten Umsetzung auf die gemeinsame Zusammenarbeit im und am Team. Der Fokus einer Teamentwicklung muss in die Verbindung von Unternehmens-, Team- und individuellen Ziele der Mitglieder gelegt werden. (Teamup, 2016)

Abbildung 6: Quelle: Darstellung entnommen aus: http://teamup.at/?page_id=176

Um aus Teams Hochleistungsteams zu konzipieren, muss die Entwicklung eines Teams bewusst gestaltet werden. Unter Teamentwicklung werden das systematische Zusammenspiel, sowie die Zusammenarbeit verstanden. Damit leistet das Team einen grossen Beitrag zur Verbesserung der angestrebten Arbeitsergebnisse und der ablaufenden Prozesse.

Externe Team Coaches oder interne Führungskräfte können durch ihre professionelle Unterstützung, diese Prozesse forcieren, damit die Teammitglieder diese leichter meistern können. Entscheidende Faktoren sind das saubere und methodisch kompetente Vorgehen der Führungskräfte oder der externen Coaches und deren Vertrauenswürdigkeit. (Stumpf & Thomas 2003)

Um ein Team und deren Arbeit aktiv zu fördern und die Effektivität zu steigern, müssen die Voraussetzungen der entsprechenden Motivation gegeben sein, d.h. die Zufriedenheit mit der Teamarbeit ist gegeben und wird als Wettbewerbsvorteil gewertet. Ebenfalls von grosser Bedeutung innerhalb einer Entwicklungsmassnahme sind veränderte Rahmenbedingungen, wie Neubesetzungen von Führungspositionen und Reorganisationen innerhalb der Unternehmung.

Um ein Team und deren Arbeit aktiv zu fördern und die Effektivität zu steigern, müssen die Voraussetzungen der entsprechenden Motivation gegeben sein, d.h. die Zufriedenheit mit der Teamarbeit ist gegeben und wird als Wettbewerbsvorteil gewertet. Ebenfalls von grosser Bedeutung innerhalb einer Entwicklungsmassnahme sind veränderte Rahmenbedingungen, wie Neubesetzungen von Führungspositionen und Reorganisationen innerhalb der Unternehmung.

7.2 Ziele der Teamentwicklung

Das Steigern der Leistungsfähigkeit und der Effizienz ist das primäre Hauptziel der Teamentwicklung und wenn diese richtig eingesetzt, einen Mehrwert für das Unternehmen darstellt. Die Teamentwicklung gilt in der Personal- und Organisationsentwicklung als essentieller Pfeiler. (Comelli, 1995)

In Anlehnung an Varney (1977, zit. in Comelli, 1995) werden innerhalb der Teamentwicklung folgende Ziele verfolgt und definiert:

- gemeinsame Zielsetzungen und Kritikbereitschaft

- Zuweisung der Rollen und Aufgaben der einzelnen Teammitglieder

- Optimierung der gemeinsamen Kommunikation innerhalb des Teams und gegenüber Dritter

- optimale Ressourcenplanung und Vereinfachung von Arbeitsstrukturen innerhalb des Teams und des Umfeldes

- Prozessoptimierungen

- lösungsorientierte Arbeitsweise und Aufgabenbewältigung

- Förderung der sozialen Kompetenzen der Teammitglieder

- konstruktive Problemlösungen auf der Sach- und Beziehungsebene

- Schnittstellenoptimierung

(Kauffeld, 2001, S.33)

7.3 Teamrollen

Jedes Teammitglied muss sich seinen Stärken und Schwächen bewusst sein. Es ist unabdingbar, dass das eigene Verhalten und Erlebte charakterisiert und in einem individuellen Mitgliederprofil festgehalten wird. (Belbin, 1993)

Anhand der Mitgliederprofile können innerhalb des Teams die entsprechenden Rollen eingenommen oder gezielt verteilt werden, wobei aufgabenorientierte, sozioemotionale und Geschlechterrollen (Stereotypisierung, Abweichung vom Rollenverhalten) unterschieden werden und zum Teamklima durchaus beitragen. (Butcher & Bailey, 2000)

7.4 Teamidentität nach Krüger

Die Förderung der Arbeitsleistung und das Wohlbefinden der Teammitglieder kann durch die Stärkung der Identifikation der Teammitglieder mit ihrem Team und die Kohäsion in der Gruppe erreicht werden. (Dick & West, 2013, S.81)

Ein Team, welches eine akkurate Identität ausstrahlt wird im Unternehmen wahrgenommen und sticht aus der Masse heraus. Die Identität eines Teams speist sich nach Krüger (2009) aus der Interaktion mit anderen Teams, Gremien und Abteilungen, sprich dem Umfeld. Die Identität definiert sich durch das Know-how und die Fähigkeit der Teammitglieder und zeichnet sich durch die Werte aus, die das gemeinsame Arbeiten des Teams bestimmen. (Krüger, 2009)

Das sogenannte Wir-Gefühl, auch Kohäsion genannt, stärkt das Team und ermöglicht eine Effektivitätssteigerung im Team. Absprachen sind kaum notwendig und die Kommunikation ist effizient und zielgerichtet. Die Teammitglieder nehmen ihre Kompetenzen und zugeteilten Rollen wahr und sind in der Lage Entscheidungen im Sinne des Teams zu treffen. (Krüger, 2009)

7.5 Widerstand und Konflikte in der Teamentwicklungsmassnahme

In Veränderungsprozessen ist der Widerstand eine Energie, welche sehr viel über das betroffene Teammitglied aussagt. Diese Energie gilt es als Führungskraft zu nutzen, denn diese kann sich als wertvolle Ressource innerhalb der Entwicklung gestalten. Der Widerstand und deren Ursachen können kategorisiert werden, denn der Widerstand tritt regelmäßig bei nachfolgenden Situationen auf:

- Kosten und Nutzen der Veränderung wird nicht ausreichend verstanden

- Mitglied fühlt sich ausgeschlossen

- Mitglied kann sich nicht mit dem Prozess oder den Massnahmen identifizieren

- Mitglied hat Angst vor Verlust von Macht und Einfluss oder einfach Angst der neuen Situation nicht gewachsen zu sein

- Mitglied will nur das Eigeninteresse durchsetzen und vergisst dabei das Wohl des Gesamtsystems. (Meier, 2004, S.114-115)

Der Führungskraft stehen zwei bewährte Führungsstrategien zur Verfügung, welche helfen das volle produktive Energiepotential der Mitglieder zu aktivieren und die negativen Energiezustände im Unternehmen zu minimieren. In der Slaying-the-Dragon-Strategie werden die Teammitglieder mit dem Risiko konfrontiert und aktiv in die Lösungsfindung eingebunden. In der Wining-the-Princess-Strategie wird die Energie der Mitglieder mobilisiert, indem sie in Innovationen, Wachstum oder Erschliessung neuer Märkte mitwirken. (Bruch, Spychala & Wiegel, 2013)

7.6 Einfluss durch die Führungskräfte

Damit die Mitarbeitenden sich ihren Aufgaben widmen und überhaupt arbeiten können, ist die Führungskraft verpflichtet, die grundlegende Arbeits- und Umweltbedingungen herzustellen und zu erfüllen. Die Ausstattung der Mitarbeitenden bezüglich Arbeitsmittel und notwendigen Arbeitsplätzen ist unabdingbar. Arbeitsverteilung und Arbeitsorganisation muss optimal aufeinander abgestimmt sein. Um der Eintönigkeit der Arbeitsaufgaben entgegenzuwirken, ist es ratsam die Arbeitsaufgaben durch die Teammitglieder abwechselnd erledigen zu lassen. Die Kommunikation innerhalb eines Teams, respektive zwischen den Teammitglieder und der Führungskraft, wird teilweise unterschätzt. Es ist von grundlegender Bedeutung, dass offen und ehrlich kommuniziert wird, denn die Kommunikation bildet die Basis eines guten Arbeitsklimas. Die Fähigkeiten und Begabung der Teammitglieder muss erkannt, gefördert und weiter ausgebaut werden. (Meier, 2004, S.44)

Da der grösste Teil der Konflikte im Team die Zielkonflikte betreffen, ist es ratsam die Teamarbeit zielgerichtet auszulegen. Die Führungskraft muss aus den gemeinsam entwickelten Zielen konkrete Massnahmen ableiten und umsetzen. Je höher die Teammitglieder sich mit den Zielen identifizieren, umso produktiver und harmonischer gestaltet sich die Zusammenarbeit. (Meier, 2004, S.46)

Damit ein Team effiziente Arbeitsleistung erbringt, erfordert dies eine vorhandene Motivation, welche durch genügend Handlungs- und Gestaltungsspielraum des Teams erzeugt werden kann. (Meier, 2004, S.47f)

Obwohl die Führungskraft eine bedeutende Rolle innerhalb des Teams einnimmt, sollten Führungskräfte nicht andauernd die Batterie der Modifikation sein. Die Eigeninitiative der Mitglieder muss soweit gefördert werden, dass selbst Perspektiven und Beeinträchtigungen erkannt werden. Um die Mitglieder zur eigentlichen Batterie und Energie des Unternehmens zu schaffen, benötigt das Managementsystem drei Bausteine: Strategie, Führung und Kultur. Hierzu ist es von Vorteil, verschiedene Sichtweisen einzubeziehen und die Strategie regelmässig zu evaluieren. (Bruch, Spychala & Wiegel, 2013, S.24)

7.7 Wie wird Teamerfolg gemessen

Damit ein Team überhaupt wachsen und sich mit den Zielsetzungen und Aufgaben identifizieren kann, müssen klare Strukturen vorhanden sein. Verschiedene Faktoren, welche zur Arbeit beigegetragen haben, müssen analysiert und regelmässig gemeinsam reflektiert werden. Es muss allen Teammitgliedern klar sein, welche Qualität in welcher Zeitspanne erbracht werden muss. Beim Teamerfolg werden die Ausmasse der Leistungsresultate und der gesetzten Ziele gegenübergestellt. Wobei die Gliederung in Input (Voraussetzung), Prozesse und Output (Teamerfolg) erfolgt. Es ist wichtig, dass Zielvereinbarungen stets nach der SMART Formel formuliert werden, d.h. die Ziele müssen spezifisch, messbar, akzeptiert, realistisch und terminiert sein. Unter anderem können folgende Kennzahlen den Teamerfolg aufzeigen, auf welcher Grundlage die Erfolgskurve im Team verfolgt werden kann: (Polzin & Weigl, 2014, S.54)

- Monatsabschlüsse

- Fehlerquote

- Kundenkontakte

- Produktivität und Output

- Umsatz

- Ziele

- Krankentage

8 Auswertung

Grundlegend kann der Autor aus seiner Perspektive die erste Forschungsfrage bestätigen. Jedes einzelne Teammitglied benötigt gewisse Strukturen, Anforderungen und Kompetenzen um überhaupt die ihm zugedachte Rolle innerhalb des Teams einzunehmen. Wir als Führungskräfte müssen dazu das entsprechende Umfeld erzeugen und das Feingefühl für unser Team entwickeln. Wir müssen als Sensor fungieren, welcher in kritischen Situationen eingreift und das Team soweit coacht, dass Sinn und Ziel der Tätigkeit selbst erkannt wird. Wer aber sein Team aus Zeitnot nicht regelmässig analysiert und sich nicht mit dem Team auseinandersetzt, wird nicht effizient und erfolgreich mit dem Team sein.

Die Teamdiagnose bietet eine hervorragende Grundlage die Fähigkeiten, Potentiale und auch Schwächen eines Teams aufzuzeigen. Die Resultate aus der Diagnose dienen der Führungskraft als optimalen Einstieg für eine gerechte und erfolgreiche Teamentwicklung.

Es wäre jedoch falsch zu denken, dass eine durchgeführte Teamdiagnose alle Konflikte und täglichen Probleme, welche in einem Team und im Unternehmen vorhanden sind, lösen könnte. Die Teamentwicklung ist ein periodischer Vorgang, welcher lebt und sich stetig verändert. Es ist wichtig, dass alle Teammitglieder sich dem positiven Effekt der Teamentwicklung bewusst sind, damit das Team effizient und erfolgreich sein kann.

Obwohl in den letzten Jahren in den Unternehmungen ein Umdenken in Bezug auf die Führungsform spürbar ist, bestätigen mir meine Beobachtungen, dass in vielen Firmen der Fokus auf den wirtschaftlichen und finanziellen Erfolg gelegt wird, wobei dem Weg der Zielerreichung kaum Beachtung geschenkt wird.

Trotzdem ist der Autor der Überzeugung, dass die zu Anfang gestellte Forschungsfrage „kann die Teamdiagnose der Ausgangspunkt für eine erfolgreiche Teamentwicklung sein", wenn diese aktiv gelebt und verfolgt wird, eine erfolgreiche und zielstrebige Teamidentität auslösen und somit einen effizienten Unternehmenserfolg steigern kann.

9 Fazit

In der vorliegenden Semesterarbeit steht die Teamdiagnose mit der anschliessenden Teamentwicklung im Fokus. Während meiner Arbeit wurde mir verdeutlicht, dass in erster Linie die Führungskraft als Leader sein ihm unterstelltes Team kennen, fordern und weiterentwickeln muss. In den heutigen Unternehmungen werden die Teams ständig mit Reorganisationen und neuen Prozessen konfrontiert. In solchen Phasen ist es essentiell, die Teammitglieder zu kennen, um den Erfolg des Teams und der Unternehmung zu steuern. Mit einem gut funktionierenden Team, mit Teammitglieder, welche sich gegenseitig achten und respektieren und auch abteilungsübergreifend kollaborieren, sind der Schlüssel eines Unternehmens um erfolgreich und effektiv auf dem Markt bestehen zu können. Die Kollaboration kann nur funktionieren und den grössten Output generieren, wenn jeder Einzelne, das Team und auch die Organisation an einem Strang ziehen. Als Fundament einer triumphierenden, aktiven und sich weiterendwickelnden Organisation ist eine optimal funktionierenden Teamarbeit.

Die Analyse der Teamdiagnose zeigt nebst den sozio-emotionalen Aspekten auch die unterschiedlichen Fähigkeiten und Kenntnisse der Teammitglieder auf. Jedes Teammitglied muss sich in seiner Rolle als Teamplayer finden und gefordert werden. Die Wertschätzung und Anerkennung der Leistung ist ein sehr wertvoller Input für das Selbstwertgefühl und kann beim einzelnen Teammitglied die Motivation auslösen, die Tätigkeit von sich aus zu leisten und auszuführen. Ebenfalls darf die persönliche Entfaltung und Entwicklung nicht ausser Acht gelassen werden.

Ein wichtiger Punkt, welchem kaum Beachtung geschenkt wird, ist das Verständnis für die Aufgabe oder Dienstleistung. Der Mitarbeiter, welcher eine Aufgabe oder Dienstleistung erfüllen muss, ohne den eigentlichen Sinn dahinter zu verstehen, wird die Bedeutung seiner Arbeit und seinen Beitrag zu den Zielen des Unternehmens nicht erkennen und auch nicht verstehen. Somit ist es ein wichtiger Aspekt die Bedeutsamkeit der Aufgabe als Führungskraft jederzeit zu veranschaulichen und die Ziele zu identifizieren und in Kongruenz zu bringen.

Obwohl die eigentliche Teamarbeit als positiver Fortschritt in den Unternehmungen gelebt und verfolgt wird, entstehen durchaus negative Aspekte, auf welche kaum eingegangen wird. So kann der Gruppeneffekt wie Groupthink, Social Loafing und Risk Shifting genannt werden, welche wiederum die erfolgreiche Teamentwicklung blockieren.

Eine ebenfalls sehr spannende These bildet die „angenehme Trägheit" eines Unternehmens. Hier führt der erzielte Erfolg zu überzufriedenen Mitglieder. Genau dieser Erfolg verleitet das Unternehmen zu einer Reduktion der dynamischen Leistung, was wiederum zum Risiko führt, wichtige Trends oder geringfügige Zeichen des Umfeldes zu verpassen.

Ich bin überzeugt, dass die Teamdiagnose und die Teamentwicklung wichtige Instrumente der heutigen Organisation sind und auch sein müssen. Wichtige Grundvoraussetzung für eine erfolgreiche Teamentwicklung ist, dass die Diagnose und die daraus resultierende Strategie in regelmässigen Zeitabschnitten überprüft und neu ausgerichtet wird. Hierbei muss die Führungskraft in der Lage sein, Ressourcen und positive Energie für seinen Teamerfolg auch leisten zu wollen. Die Zeit, welche ein Team zur Teambildung benötigt, darf nicht unterschätzt werden und muss von der Teamführung gewährt werden. Der wertvolle Output einer funktionierenden Teamarbeit wird nicht sofort erfolgen. Negative Aspekte einer Teamarbeit zu widerlegen oder in positive Energie umzuwandeln benötigt enormen Effort und Ressourcen der Führungskraft.

Wie bereits in meiner vorgängigen Semesterarbeit über intrinsische Motivation aufgezeigt, stellt sich mir auch in dieser Semesterarbeit die Frage über die Kernkompetenz der Führungskraft. Sind Führungskräfte in der heutigen Zeit überhaupt in der Lage ihre Teams kompetent zu fördern und zu führen? Entsprechen die heutigen Ausbildungen und soziale Kompetenzen den Anforderungen an eine moderne Führungskraft oder werden diese in die Thematik des energetisierenden Führungsstils gepresst?

Quellenverzeichnis

Balz, H.-J., & Spieß, E., (2009). Kooperation in sozialen Organisationen. Grundlagen und Instrumente der Teamarbeit. In: Module angewandter Psychologie. Hg. von Hartung, J.; Fröhlich-Gildhoff, K.Stuttgart: Kohlhammer, S.134

Belbin, R. M., (1993). Team Roles at Work: A Strategy for Human Resource Management, Oxford, Butterworth Heinemann

Binkelmann, P., Braczyk, H.-J., & Seltz, R., (1993). Entwicklung der Gruppenarbeit in Deutschland, Frankfurt, Campus

Brounstein, M., (2007). Erfolgreich Teams leiten für Dummies. Wiley-VCH Verlag, Weinheim

Bruch, H., Spychala, A., & Wiegel, J., 2013. Wege zur Hochleistungsorganisation, Zugriff am 03.03.2016, Verfügbar unter: https://www.gkb.ch/gkb/medien.nsf/img/Case_GKB_Downloads/$File/Wege_zur_Hoechstleistungsorganisation_Heike_Bruch.pdf

Butcher, D. & Bailey, C., (2000). Crewed awakenings, People Management

Comelli, G. & Rosenstiel, L., (2009). Führung durch Motivation: Mitarbeiter für Unternehmensziele gewinnen, Vahlen

Comelli, G., (1995). Qualifikation für Gruppenarbeit: Teamentwicklung, Stuttgart, Schäffer-Poeschel

Csikszentmihalyi, M., (2004). Flow im Beruf. Das Geheimnis des Glücks am Arbeitsplatz, Stuttgart, Klett-Cotta

Dick, R. van & West, M. A. (2013). Teamwork, Teamdiagnose, Teamentwicklung, 2. Auflage, Göttingen: Hogrefe

Drucker, P. F. (1993). Postcapitalist Society, NewYork, HerperCollins, Publishers

Entwicklerey, (2015). Teamdiagnose, Zugriff am 22.12.2015, Verfügbar unter: http://www.entwicklerey.ch/portals/0/pdfv2/entwicklerey_gmbh_Teamdiagnose_Fuehrung_Organisationsentwicklung.pdf

Gladstein, D. L., (1984). Groups in Context : A Model of Task Group Effectiveness, Administrative Science, S. 499-517

Kauffeld, S., (2001). Teamdiagnose, Göttingen, Bern, Toronto, Seattle, Hogrefe

Kauffeld, S., (2004). Fragebogen zur Arbeit im Team. Göttingen: Hogrefe

Krüger, W., (2009). Teams führen, 5. Auflage, Freiburg, Haufe

Kunert, K., & Knill, M.,(2000). Team und Kommunikation, Sauerländer Aarau

Latane, B., Williams, K., & Harkins, S. (1979). Many hands make light the work: The causes and consequences of social loafing. Journal of personality and social psychology, 37(6), 822

Mabey C, Caird S (1999) Building Team Effectiveness. Open University. Milton Keynes

Martens, J. U., & Kuhl, J. (2004). Die Kunst der Selbstmotivierung. Neue Erkenntnisse der 467 Motivationsforschung praktisch nutzen. Stuttgart: Kohlhammer.

Meier, D., (2004). Wege zur erfolgreichen Teamentwicklung, Books on Demand, Norderstedt, S.114-115

Meier, R., (2004). 30 Minuten für erfolgreiche Teamarbeit, GABAL; Offenbach

Polzin, P., & Weigl, H., (2014). Führung, Kommunikation und Teamentwicklung im Bauwesen, Verlag Springer Vieweg, 2. Auflage, Seite 54

Satya-Gruppe, (2016). Teamdiagnose, Zugriff am 28.01.2016, Verfügbar unter: http://www.satya-gruppe.ch/satya-teamdiagnose.php

Schuhmacher, F., & Gschwill, R., (2009). Employer Branding. Human Resources Management für die Unternehmensführung. GWV Fachverlag, Wiesbaden

Stahl, E., (2007). Dynamik in Gruppen, Handbuch der Gruppenleitung, 2. Auflage. Basel: Beltz

Stumpf, S., & Thomas, A., (2003). Teamarbeit und Teamentwicklung, Hogrefe, Göttingen

Sulzbacher, M., (2003). Virtuelle Teams. Eine Möglichkeit, komplexe Aufgaben über Raum, Zeit und Organisationsgrenzen hinweg effektiv zu meistern? Tectum Verlag, Marburg

Tagesanzeiger, (2015. Was Teams erfolgreich macht, Zugriff am 03.01.2016, Verfügbar unter: http://www.tagesanzeiger.ch/wirtschaft/konjunktur/Was-Teams-erfolgreich-macht/story/25740957

Tannenbaum, S. I., Salas, E. & Cannon-Bowes,J. A., (1996). Promoting team effetiveness. In M. West (Ed.), Handbook of work group psychology Chichester,Wiley

Teamup, (2016). Teamentwicklung, Zugriff am 05.01.2016, Verfügbar unter: http://teamup.at/?page_id=176

Tuckman, B. W., (1965). Developmental sequence in small groups, 63. Psychological Bulletin, S. 384-399

Van Dick, R. (2005). Teamwork, Teamdiagnose, Teamentwicklung. Göttingen: Hogrefe

Van Dick, R., & West, A. M., (2013). Teamwork, Teamdiagnose, Teamentwicklung. Göttingen: Hogrefe, 2. Auflage von Rosenstiel, L., & Nerdinger, F. W. (2011). Grundlagen der Organisationspsychologie, Stuttgart, 7. Auflage, Schäffer-Poeschel, S. 283

Anhang

Fragebogen zur Teamarbeit

(Quelle: Borrill & West, ohne Jahr, a; vgl. Brodbeck, Anderson & West, 2000)

Im Folgenden finden Sie einige Aussagen, mit denen sich Teams beschreiben lassen. Bitte kreuzen Sie an, wie sehr die einzelnen Aussagen auf das Team zutreffen, in dem Sie gegenwärtig arbeiten.

	trifft gar nicht zu 1	trifft wenig zu 2	trifft mittel zu 3	trifft eher zu 4	trifft voll zu 5
1. In diesem Team ist allen klar, was wir erreichen wollen.					
2. Wir wissen, dass wir uns aufeinander verlassen können.					
3. Wir haben anregende Diskussionen darüber, wie wir am besten arbeiten.					
4. Wir treffen uns ausreichend häufig, um effektiv zu kommunizieren und zu koordinieren.					
5. Die Teammitglieder bieten einander immer schnell Hilfe an, um etwas Neues auszuprobieren.					
6. Wir haben alle Einfluss auf endgültige Entscheidungen im Team.					
7. Wir halten uns über arbeitsrelevante Dinge gegenseitig auf dem Laufenden.					
8. In unserem Team herrscht ein Gefühl von Sicherheit und Vertrauen.					
9. Wir sind jederzeit aufgeschlossen gegenüber neuen Ideen.					
10. Alle Teammitglieder fühlen sich den Zielen des Teams verpflichtet.					
11. Wir können offen über Fehler sprechen.					
12. Wir stimmen über unsere Ziele überein.					
13. Es herrscht bei uns eine Atmosphäre, in der konstruktive Kritik geübt wird.					
14. Wir unterstützen einander in Ideen über neue und verbesserte Arbeitsprozesse.					
15. Wir unterstützen uns gegenseitig bei der Erledigung unserer Aufgabe.					
16. Jeder im Team trägt zur Entscheidungsfindung bei.					

Anwendung und Auswertung

Kopieren Sie den umseitigen Fragebogen und geben Sie ihn jedem Team-mitglied. Die Teammitglieder sollen dann jede Aussage entsprechend der Instruktion bearbeiten. Jedes Teammitglied kann seine Ergebnisse in die folgende Tabelle eintragen und für jede der vier Dimensionen die Summen- und Durchschnittswerte berechnen.

	Aussage Nr.		Aussage Nr.
Vision	1 _____ 10 _____ 12 _____ Summe _____ Durchschnitt _____ (Gesamtwert/3)	Aufgaben-orientierung	3 _____ 11 _____ 13 _____ 15 _____ Summe _____ Durchschnitt _____ (Gesamtwert/4)
Partizipative Sicherheit	4 _____ 6 _____ 7 _____ 8 _____ 16 _____ Summe _____ Durchschnitt _____ (Summe/5)	Unterstützung für Innovation	2 _____ 5 _____ 9 _____ 14 _____ Summe _____ Durchschnitt _____ (Summe/4)

Im nächsten Schritt werden dann in der folgenden Tabelle die Gesamt- und Durchschnittswerte für das gesamte Team eingetragen und berechnet.

	Summe Team	Durchschnitt Team
Vision		
Aufgabenorientierung		
Partizipative Sicherheit		
Unterstützung für Innovation		
Teamgesamtwert		

Sowohl die Ergebnisse der Einzelmitglieder als auch die Ergebnisse für das ganze Team können dann als Grundlage für Diskussionen im Team dienen, in denen die Stärken und Schwächen betrachtet und Verbesserungsmöglich-keiten erarbeitet werden.

Abbildung 8: Quelle: Darstellung entnommen aus: Van Dick, R., & West, A. M., (2013). Team-work, Teamdiagnose, Teamentwicklung. Göttingen: Hogrefe, 2. Auflage, Karten